열 살, 좋아하는 것을
강점으로 만드는

15가지 방법

호쓰키 야스노부 글
란요 그림 | 고향옥 옮김

주니어 김영사

좋아하는 것을 강점으로 만들기 위해서

여러분은 어른이 되면 어떤 일을 하고 싶은가요?

'즐거운 일' 혹은 '좋아하는 것'을 일로 하고 싶다고 생각할지 모르겠군요.

아주 오랫동안 일은 '먹고살 양식을 얻기 위한 수단'이라고 생각되어 왔어요. 생활비를 벌기 위해서 일한다고 생각하는 것이죠. 그래서 즐겁지 않아도 열심히 일할 수밖에 없었고 참고 견디며 일하는 것이 상식이었어요.

지금도 그렇게 생각하는 분위기가 전혀 없는 것은 아니지만 세상은 조금 달라졌어요.

여러분이 공부하는 데 많은 시간을 보내는 것처럼 어른들은 살아가는 대부분의 시간을 일을 하며 보내요. 그렇게 중요한 일을 단지 돈을 벌기 위한 수단이 아니라 인생의 일부라고 여기며 좋아하는 것을 찾아 직업으로 만들려는 사람이 많아지고 있어요. 좀 더 쉽게 말하면, 좋아하는 것을 일로 삼는 추세인 거지요.

오늘날은 많은 사람이 자신의 이상을 실현하기 위해서 다양한 아이디어를 내고 있어요.

그렇다면, 이제 조금씩 자신만의 가치관을 세우기 시작한 열 살 여러분은 어떻게 좋아하는 것을 찾고 어떻게 미래를 준비해야 할까요? 이 책과 함께 차근차근 생각해 보고 고민해 보길 바랄게요.

꿈을 이루기 위한 마음가짐을 하나하나 배워 나가도록 해요!

호쓰키 야스노부

 **차례**

시작하며 좋아하는 것을 강점으로 만들기 위해서 · 2

제1장 : 일이 뭐예요?
#일의 새로운 개념과 마음가짐

★ 일의 의미와 방식은 계속 달라지고 있어요 ································ 10

일을 하는 이유
먹고살기 위해 일해요. 일을 바라보는 가장 단순한 관점 ················ 14

일하는 방식
일에서 열정과 기쁨을 느껴요. 좋아하는 것을 일로 만든다는 관점 ········ 16

일과 나
우리의 목표는 좋아하는 것을 일로 만드는 것 ··························· 18

★ 어떻게 좋아하는 것을 일로 삼기 쉬운 시대가 된 거예요? ··············· 20

일과 시대 1
좋아하는 것을 일로 할 수 있는 시대를 만들어 준 사람들 ··············· 22

일과 시대 2
오늘날은 자신의 아이디어로 일을 만들기 쉬운 시대 ····················· 24

일과 시대 3
시대와 가치관은 계속 변해요. 지금의 상식에만 사로잡히지 말아요 ······ 26

• 제 2 장 : 좋아하는 것을 강점으로 만드는 방법 1 •
#무언가를 해내는 힘을 길러요

첫 번째: 끝까지 해내는 힘
좋아하는 것이 있으면 결과에 연연하지 말고 끝까지 해 봐요 ·················· 30

★ 위인들은 어린 시절, 이런 일에 끝까지 집중했어요
　마크 트웨인/윈스턴 처칠/라이트 형제/아이작 뉴턴/조지 스티븐슨/잉그리드 버그만 ······ 32

두 번째: 나만의 길을 간다
흥미 있는 일을 발견하면 주위의 눈은 신경 쓰지 말고 일단 해 봅니다 ······ 36

세 번째: 행동하는 힘
하고 싶은 일이 있을 때는 곧바로 행동해요 ·················· 38

네 번째: 감동하는 힘
놀라움과 감동에는 인생을 바꾸는 힘이 있어요 ·················· 40

다섯 번째: 순수한 마음
순수한 마음은 모든 것을 즐길 수 있는 밑바탕이에요 ·················· 42

여섯 번째: 유연한 마음
유연한 마음만 있다면 좋아하는 것을 언제든 찾을 수 있어요 ·················· 44

제3장 : 좋아하는 것을 강점으로 만드는 방법 2
#좋아하는 것을 포기하지 않는 힘이 필요해요

일곱 번째: 성장하는 힘
벽은 지금의 자신이 뛰어넘을 수 없어서 벽 ·············· 48

여덟 번째: 말에 휘둘리지 않는 힘
재능을 핑계 삼으면 안 돼요 ·············· 50

아홉 번째: 계속할 수 있는 힘
한번 시작한 것을 계속할 수 있는 사람이 가장 강한 사람이에요 ·············· 52

열 번째: 남과 자신을 비교하지 않는 힘
남이 아닌 자기 자신을 이겨요 ·············· 54

열한 번째: 즐기는 힘
두근두근 설레는 마음은 아주 소중해요 ·············· 56

열두 번째: 좌절과 실패에서 배우는 마음
좌절은 아주 귀중한 경험이에요 ·············· 58

열세 번째: 아무튼 해 보는 힘
잘되지 않더라도 한 발짝만 내디뎌 보세요 ·············· 60

열네 번째: 쉬어 가는 용기
끝까지 해 보고 안 되면 일단 쉬어 보세요. 적극적인 후퇴 ·············· 62

열다섯 번째: 재도전하는 마음
자신의 마음을 다시 확인해 보세요 ·············· 64

제 4 장 : 좋아하는 것이 강점이 되었을 때
#새로운 세계를 만날 수 있어요

다른 사람이 모르는 영역
지루하고 귀찮은 일 앞에는 새로운 즐거움이 있어요 ············ 68

또 다른 어려운 문제
즐거움과 힘듦은 종이 한 장 차이 ························· 70

★ 즐거움과 힘듦의 세계를 넘나들면서 좋아하는 것을 강점으로 만든 위인들
윌리엄 허셜 / 루드비히 판 베토벤 / 아이작 뉴턴 / 토머스 에디슨 / 마니아 스크워도프스카 ···· 72

취미를 일로 삼는 단계
받는 사람에서 보내는 사람으로 바뀔 때 ····················· 76

일하는 보람은 어디에 있을까?
라이스 워크와 라이프 워크는 스스로 결정해요 ················· 78

비전=꿈
비전 있는 사람이 될 거예요 ····························· 80

여러 개의 일을 동시에 한다
자신만의 라이프 워크를 만들어 봐요 ······················· 82

이상적인 일
자신이 좋아하는 것을 하면서 주위 사람을 행복하게 해요 ··········· 84

마치며 좋아하는 것을 강점으로 만들어 세상을 이롭게 해요 · 86

제1장

일이 뭐예요?

#일의 새로운 개념과 마음가짐

자 그럼.

다음은 어디에서 실력을 키워 볼까….

번쩍

> 사람은 왜 일을 해요?

> 일이 뭐예요?

일의 의미와 방식은 계속 달라지고 있어요!

살아가는 데 필요한 '노동'을 나누어 했던 것이 '직업'의 시작!

과학과 문명이 발달하지 않았던 시대의 사람들에게 일을 한다는 것은 어떤 의미였을까요? 당시의 주된 노동은 아마도 하루하루를 살아가는 데 필요한 수렵과 채집, 그리고 도구 만들기와 집 짓기 같은 것이었을 거예요. 문명의 발달과 더불어 조직이 생기면서 일을 하는 의미가 변하기 시작했어요. 노동에 역할 분담을 하게 된 거예요. 그리고 그렇게 역할 분담을 했던 것들 하나하나가 직업, 곧 일이 된 것이고요.

세계 곳곳에는 아직도 자기가 원하는 직업을 자유롭게 선택하지 못하는 나라도 있어요. 하지만 점점 직업의 의미와 일을 하는 방식은 달라지고 있어요. 나에게 딱 맞는 일을 찾는 것이 무엇보다 중요해진 거예요.

아주 오랜 옛날의 일은 어떤 의미였을까?

살기 위해서 일을 했어요!

먹기 위해 사냥을 하고, 사냥에 필요한 도구를 만들고, 잠을 잘 집을 짓는 노동. 우리 조상들은 하루하루 먹고살기 위해서 노동을 했어요. 물론 오늘날 말하는 직업도 없었어요. 문명이 발달하지 않은 시대는 또 다른 의미에서 '살기 위해서 일하는 시대', '먹기 위해서 일하는 시대'라고 할 수 있어요.

직업 선택의 자유가 없었던 시대

신분에 따라 직업이 정해졌던 시대였어요!

'어른이 되면 어떤 일을 할까?' 여러분은 저마다 미래에 하고 싶은 일을 꿈꾸고 있을 거예요. 하지만 먼 옛날에는 나의 의지에 따라 직업을 선택할 수 없었어요. 엄격한 신분 제도 탓에 태어날 때부터 장차 자신이 해야 할 일이 결정되기도 했지요. 그런 시대를 거쳐, 직업에 대한 생각과 가치관이 조금씩 발전하여 마침내 오늘날로 이어져 왔어요. 직업 선택의 자유가 없는 사회라니, 요즘 같은 시대에는 상상도 할 수 없겠죠?

가업을 잇는 것이 대세였던 시대

**직업 선택의 자유는 있었지만
가업을 잇는 것이 일반적이었던 시대였어요!**

신분 제도가 사라지면서 자신의 의지에 따라 비교적 자유롭게 직업을 선택할 수 있게 되었지요. 직업의 종류가 오늘날만큼 많지 않았지만요. 많은 가정에서 어른이 되면 당연한 듯이 '가업'을 이어 받기도 했어요. 아버지가 대장장이였다면 그 아들도 대장장이가 되는 것처럼요. 지금처럼 대기업이나 대형 쇼핑몰이 없었던 시대에는 개인이 운영하는 가게와 개인 사업주가 직업의 대부분을 차지했어요.

기업에 취직하는 것으로 변화

기업이 급성장을 계속했던 초고속 경제 성장기였어요!

1970년대, 한국은 '한강의 기적'이라고 불리는 초고속 경제 성장기를 맞이해요. 이때부터 기업이 계속 성장하면서 많은 사람의 직업이 기업에 취직하는 것으로 변했어요. 사람들의 생계를 책임지던 작은 가게들이 대기업에 의해 점점 사라졌고요. 게다가 젊은이들은 더 크고 좋은 회사에 들어가기 위해서 치열한 경쟁을 해야 했어요. 좋은 회사에 입사하여 받은 월급으로 맛있는 것을 먹고, 좋은 차를 타고, 내 집을 마련하는 등 돈과 물질이 넘치는 풍요로운 생활이 행복의 기준인 시대가 온 거예요.

그리고 오늘날, 좋아하는 것을 직업으로 삼기 쉬운 시대가 되었어요!

초고속 경제 성장기를 지나, 1990년대 금융 위기를 겪고 오늘날에 이르자 직업에 대한 생각과 일하는 방식도 점점 변해 갔어요. 특히 요즘처럼 아주 심각한 감염병이 확산하거나, 경제 공황 등 전 세계가 예기치 못한 혼란에 휘말릴 때마다 직업에 대한 생각이 바뀌었어요. 한 회사에 오래 몸을 담는다는 의미의 '평생 직장' 개념도 설득력을 잃은 지 오래고요. 그보다는 부업과 겸업이 장려되는 시대가 된 거예요. 더욱이 정보 통신 기술의 발달로 자신이 잘하는 것과 좋아하는 것을 알릴 수 있는 기회가 더 많아지면서 확실히 20년 전보다도 '좋아하는 것'을 직업으로 삼기 쉬운 시대로 변했지요. 오늘날은 '먹고살기 위해서 일하는 시대'에서 '일 그 자체를 즐기는 시대'로 변해 가고 있어요. 그러니까 여러분이 좋아하는 것을 열심히 갈고 닦아서 그것을 직업으로 삼을 수 있는 시대에 살고 있는 거예요.

일을 하는 이유

먹고살기 위해 일해요.
일을 바라보는 가장 단순한 관점

이 책에서는
일에 대한 이러한 관점을
'라이스 워크(rice work)'라고 부를 거예요!

사람이 일을 하는 기본적인 이유는 돈을 벌기 위해서예요. 이 사실은 절대 변하지 않아요. 다만 변하는 것이 있다면 '어떤 일을 해서 돈을 벌 것인가?' 또는 '무엇을 위해서, 어떤 마음으로 일을 해서 돈을 벌 것인가?'이지요.

일을 바라보는 가장 단순한 관점은 먹고살기 위해서 일한다는 거예요. 이런 관점에서 보면 세상 어떤 일이든 어려운 점은 반드시 있고, 쉽고 편하기만 한 일은 없어요. 따라서 일 그 자체에 큰 기쁨과 즐거움을 기대하지 않고, 일을 해서 번 돈으로 여행을 떠나거나, 맛있는 요리를 먹거나, 멋진 차를 구입하는 것으로 만족해요. 일해서 번 돈으로 물질적인 풍요를 누리며 살겠다는 생각이에요. 이 책에서는 이런 관점을 '라이스 워크'라고 부를 거예요. 여기에서 '라이스(rice)'는 쌀 혹은 밥을 뜻해요. 라이스 워크는 문자 그대로 '일은 밥을 먹기 위해서 하는 활동'이라는 관점이랍니다.

출발!

먹고살기 위해 하는 '라이스 워크'는
잘못된 게 아니에요.
하지만 이 책은 여러분이 조금 더 행복하도록
좋아하는 것을 직업으로 삼는 방법을 소개할 거예요.
지금부터, 하나하나 살펴보기로 해요.

일에서 **열정**과 **기쁨**을 느껴요.
좋아하는 것을 일로 만든다는 관점

이 책에서는 일을 바라보는 이러한 관점을 '라이프 워크(life work)'라고 부를 거예요!

좋아하는 것을 탐구하고 거기에 집중하다 보면 눈 깜짝할 사이에 시간이 지나가죠? 그때 느끼는 열정과 기쁨을 '일'이라고 여기는 관점이 '라이프 워크'예요. 라이프 워크는 인생을 걸고 추구하고 싶은 일을 말해요. 노력하고 고생하는 것마저 즐길 수 있게 해 주죠. 그런 힘은 좋아하는 마음에서 나온답니다.

좋아하는 것을 일로 만드는 건 쉽지 않아요. 먼저 좋아하는 것을 찾아야 하지요. 하지만 주변을 주의 깊게 살피면서 모든 일에 노력과 고생이 따른다는 점을 기억하면 의외로 빨리 답을 찾을 수도 있어요.

요즘은 예전과 비교하면 좋아하는 것을 일로 하는 사람들이 많아졌어요. 여러분도 좋아하는 것을 찾아서 일을 통해 열정과 기쁨을 누리는 사람이 되었으면 좋겠어요.

마음을 울리는 **위인**의 **명언**

"**천재는 노력하는 사람을 이길 수 없고,
노력하는 사람은 즐기는 사람을 이길 수 없다.**"

중국의 사상가인 공자(BC 551년~BC 479년)의 명언이에요. 제아무리 천재라도 노력하는 사람을 이길 수 없어요. 그리고 아무리 힘들게 노력을 하는 사람이라도 노력 자체를 즐기는 사람에게는 이길 수 없지요. 자신이 좋아하는 것을 파고드는 사람은 그 노력조차 즐기는 사람이랍니다.

일과 나

우리의 목표는
좋아하는 것을 일로 만드는 것

오늘날은 좋아하는 것을 직업으로 삼을 수 있는 가능성이 아주 큰 시대입니다.

시대는 계속 변하고, 일에 대한 가치관과 일하는 방식도 함께 변하고 있어요. 여러분의 부모님은 아마 좋아하는 것을 직업으로 삼기 어려웠을 거예요. 주위의 시선이나 강요 때문에 남들과 비슷하게 '라이스 워크(싫어도 먹고살기 위해서 일하는)'를 찾았을지 몰라요. 하지만 여러분의 시대는 조금 다르답니다. 요즘은 하고 싶은 일을 직업으로 삼기 쉬운, 어쩌면 혜택 받은 시대라고도 할 수 있어요. '라이프 워크'를 꿈꿀 수 있게 된 거죠.

엄격한 신분 제도로 '직업 선택의 자유가 없었던' 시대에서 주로 '먹고살기 위해서 일했던' 시대를 거쳐 마침내 '좋아하는 것을 직업으로 삼기 쉬운' 시대로 바뀌고 있는 거예요.

이 책은 라이프 워크 시대를 살아가는 여러분에게 좋아하는 일과 나만의 강점을 찾고, 행복한 삶을 꾸리는 방법을 알려 준답니다.

마음을 울리는 위인의 명언

> "살아남는 자는 가장 강한 자도, 가장 현명한 자도 아니고 변화하는 자이다."

진화론을 주창한 **찰스 다윈**(1809년~1882년)**의 명언이에요.** 생물 진화의 역사를 보면 그 시대에 가장 강했던 생물은 지구 환경 변화에 따라가지 못하고 멸종됐어요. 살아남아서 진화한 것은 약하지만 환경의 변화에 잘 적응했던 생물이었어요.

> **어떻게 좋아하는 것을 일로
> 삼기 쉬운 시대가 된 거예요?**

이유 1

정보 통신 기술의 발달

가장 큰 이유는 정보 통신 기술(IT)의 발달이에요. 그림 그리기를 좋아하는 사람이 있다고 해 볼까요? 전에는 그림과 관련된 일을 하려면 출판사나 광고 기획사 등 자신을 인정해 주는 회사에서 '일을 의뢰 받는' 방식이 일반적이었어요. 하지만 요즘은 자신이 그리고 싶은 그림을 언제든지 그려서 직접 알릴 수 있어요. 만약 직접 그림을 그린 물건을 팔고 싶다면 꼭 매장을 열 필요 없이 인터넷 쇼핑몰을 이용할 수 있고요. 정보 통신 기술의 발달은 많은 사람의 가능성을 실현할 수 있도록 이끈답니다.

이유 2

부업, 겸업에 대한 생각의 변화

오늘날은 한 사람이 두 가지 이상 일을 하는 부업이나 겸업이 장려되는 시대예요. 회사를 다니는 사람도 남는 시간이나 주말에 자신이 잘하는 것을 가르치기도 하고, 투자를 하기도 해요. 부업을 적절하게 활용하면 다양한 일을 계획할 수 있어요. 돈을 벌기 위한 일과 좋아하는 일을 동시에 하면서 살 수 있는 것도 요즘 시대의 특징이지요.

이유 3

이직에 대한 생각의 변화

잘릴 걱정 없이 오랫동안 다닐 수 있는 회사라는 의미의 '평생 직장'이 최고의 직장으로 인정받던 시절에는 직장을 쉽게 옮길 수 없었어요. 한 번 입사한 회사에서 평생 일하겠다는 생각도 멋지지만, 만약 들어간 회사에서 자신이 원하는 일을 할 수 없다면 조금 속상하지 않을까요? 평생 직장이 일반적이지 않은 오늘날에는 일하면서 계속 실력을 쌓아 마침내 자신이 좋아하는 것을 일로 만드는, 라이프 워크를 조금 더 쉽게 실현할 수 있어요.

자 그럼,

다음은 어디에서 실력을 키워 볼까….

일과 시대 1

좋아하는 것을 일로 할 수 있는 시대를 만들어 준 사람들

오늘날 좋아하는 것을 일로 할 수 있는 고마운 환경이 된 것은 여러분의 선배들이 놓아 준 '주춧돌' 덕분이랍니다.

좋아하는 일을 하며 돈도 벌 수 있다는 것은 정말 행복한 일이에요. 사실 일을 할 때는 엄청나게 꼼꼼해야 하고 집중력도 필요해요. 여러분이 공부를 할 때와 마찬가지예요. 그만큼 피곤하기도 하고요. 하지만 좋아하는 것을 일로 할 때는 상황이 조금 달라지지요. 피곤함도 즐길 수 있을 테니까요. 그러고 보면 여러분은 앞선 세대 사람들에게 미안한 마음이 들지도 몰라요. 오늘날의 직업 선택의 자유는 앞서 살았던 사람들이 좋은 시대가 올 거라 믿으며 열심히, 꾸준히 노력한 결과이니까요.

어느 시대든 부모님은 자녀의 행복을 바란답니다. 자신의 아이들이 장차 좋아하는 것을 직업으로 삼아 행복한 삶을 누리기를 바라지요. 그런 사람들의 오랜 바람이 지금 실현되려고 해요. 여러분은 앞서 살았던 사람들이 일군 지금의 세상을 더욱 발전시켜서 여러분의 후손에게 물려줘야 할 의무가 있어요.

마음을 울리는 위인의 명언

> "감사하는 마음이 크면 클수록,
> 거기에 정비례하여 행복감도 커진다."

전자 제품 회사 파나소닉의 창업자, 경영의 신이라고 불리는 마쓰시타 고노스케(1894년~1989년)의 명언이에요. 인간의 행복감을 만드는 근원이 바로 감사하는 마음이에요. 감사하는 마음이 있으면 행복은 저절로 커지지요. 감사함에서 나오는 행복은 더 오래 지속된답니다.

오늘날은 자신의 아이디어로 일을 만들기 쉬운 시대

우리가 알고 있는 직업에서만 일을 선택하는 시대는 끝났어요.
지금은 자신의 개성에 맞는 일을 만들어 낼 수 있는 시대예요!

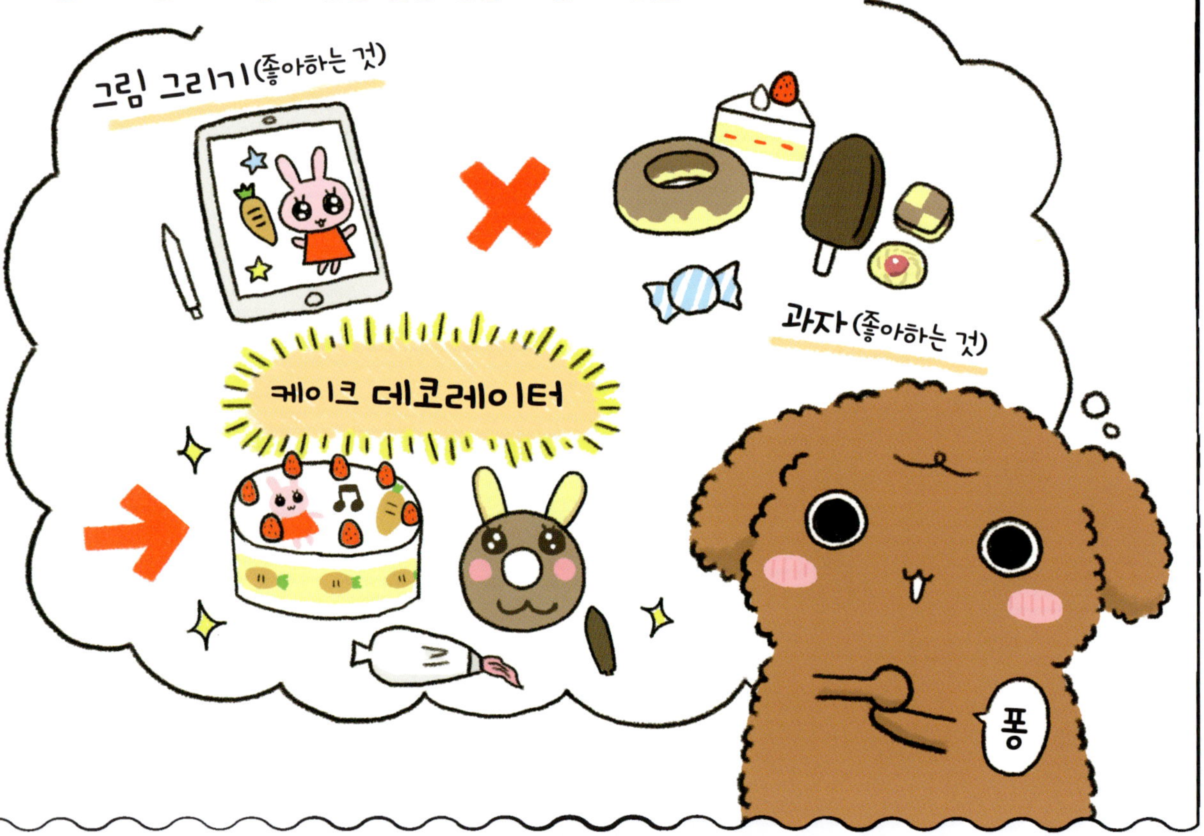

그림 그리기 (좋아하는 것)

×

과자 (좋아하는 것)

케이크 데코레이터

퐁

40년 전에는 '컴퓨터 그래픽 디자인'이라는 일도, '앱 개발자'라는 직업도 없었어요. 당연히 '유튜버'도 없었고요. 시대의 변화에 발맞춰 새로운 일과 직업이 속속 생겨 나고 있어요. 요즘은 그 속도가 더 빨라지고 있답니다.

　여러분이 어른이 될 무렵에는 지금은 존재하지 않는 새로운 일과 직업이 훨씬 많이 생겨날 거예요. 그리고 그 일을 만들어 내는 주인공은 바로 여러분이고요.

　일은 '지금 있는 직업에서 선택하는 것'에서 '스스로 만들어 내는 것'으로 변하기 시작했어요. 그렇기 때문에 더욱 지금의 가치관에만 사로잡혀 있지 말고 관심 있는 것, 좋아하는 것을 치열하게 찾아내야 해요. 여러분의 넘치는 호기심과 열정이 더 좋은 미래를 만들어 낼 테니까요.

마음을 울리는 위인의 명언

" 나는 세상에서 제일 재미있는 일을 하고 있고,
출근길은 언제나 즐겁다.
항상 새로운 도전과 기회, 배울 것들이 기다린다. "

마이크로 소프트의 창업자 빌 게이츠(1955년~)의 명언이에요. 자신이 좋아하는 일이라면 어떤 어려움에 부딪히더라도 포기하거나 타협하지 않고 앞으로 나아갈 수 있어요. 좋아하는 열정이 곧 세상을 개척해 나가는 원동력이 되지요.

시대와 가치관은 계속 변해요.
지금의 상식에만 사로잡히지 말아요

상식은 시대에 따라 달라져요.
중요한 것은 '유연한 마음'이랍니다!

말랑 물랑

유연한 마음

먹고살기 위해서 일을 했던 라이스 워크 시대에는 좋은 회사에 들어가서 월급을 많이 받는 게 가장 중요했어요. 좋은 회사에 들어가기 위해서는 먼저, 흔히 말하는 명문대에 들어가야 하고요. 공부가 중요한 것은 두말할 필요도 없지요. 하지만 공부의 이유가 좋은 회사에 들어가기 위해서만은 아니에요. 자신을 위해서 해야 하는 거지요. 공부의 본질은 모르는 것을 배우고 싶어서 하는 마음이니까요.

그런데 어떤 회사가 정말 좋은 회사일까요? 규모가 큰 회사일까요? 월급을 많이 주는 회사일까요? 요즘은 그 기준이 다양해졌어요. 여러분이 생각하는 좋은 회사는 어떤 회사인가요? 어떤 일이 좋은 일인가요? 아마 각자의 기준과 가치관에 따라 서로 다른 대답이 나올 거예요. 답이 주위 사람들과 똑같을 필요는 없어요. 지금의 생각을 소중히 여기며 나만의 생각과 잣대를 가진 어른이 되길 바랍니다.

마음을 울리는 위인의 명언

"지금 옳은 일이 몇 년 후에는 틀릴 수도 있다.
반대로 지금 틀린 일이 몇 년 후에는 옳을 수도 있다."

동력 비행기를 발명한 라이트 형제의 형 윌버 라이트(1867년~1912년)의 명언이에요. 상식도 시대와 더불어 변해요. 그 변화에 따라갈 수 있는 유연한 마음이 필요해요.

제 2 장

좋아하는 것을
강점으로 만드는 방법 1

#무언가를 해내는 힘을 길러요

첫 번째: 끝까지 해내는 힘

좋아하는 것이 있으면
결과에 연연하지 말고 끝까지 해 봐요

좋아하는 것을 직업으로 삼아 일하는 어른 중에는 어린 시절에 좋아하는 것에 끝까지 파고드는 경험을 해 본 사람이 많아요. 수영장 물에 뜨지도 않던 사람이 매일 연습해서 접영까지 할 수 있게 되는 것처럼요.

"그런다고 무슨 이득이 있어요?", "그렇게 해 봐야 어른이 되면 아무런 도움도 안 돼요!"라며 이익과 손해를 따지거나, 결과만 생각해선 안 돼요. '꼭 해야 한다', '꼭 알고 싶다', '직접 해 보고 싶다'는 순수한 열정으로 무언가를 해낸 경험은 어른이 돼서 좋아하는 것을 일로 만들 때 큰 도움을 줘요.

어른이 돼서 어린 시절을 돌아보면 '무슨 그런 바보 같은 일에 정신이 팔렸을까?' 하는 생각이 들 정도로 유치한 행동이라도 훗날 인생에서는 보물 같은 소중한 경험으로 남는 경우도 있어요. 중요한 것은 결과에 얽매이지 않고 끝까지 해내는 힘이에요.

마음을 울리는 **위인**의 **명언**

> "뭐든 좋아하는 것 하나를
> 우물을 파는 심정으로 끝까지 해 보는 게 좋다."

일본의 수필가인 **시라스 마사코**(1902년~1985년)의 **명언이에요**. 이 명언에 이어지는 말이 있어요. "하나의 우물을 끝까지 파 내려가면 이윽고 지하의 수맥에 다다르게 된다. 수맥은 사방으로 뻗어 있기 때문에 결과적으로 모든 일을 폭넓게 알 수 있게 된다."

위인들은 어린 시절,
이런 일에 끝까지 집중했어요!

어떤 일이든 직성이 풀릴 때까지 해 보세요.

지구가 둥글다는 것을 알고 지구 반대쪽까지 파 보려고 했던 어린이가 있었어요. 찰흙으로 증기 기관 모형을 헤아릴 수 없을 정도로 많이 만들었던 어린이도 있었지요. 어떤 일이든 성에 찰 때까지, 끝까지 해 본 경험이 있는 어린이 중에는 어른이 돼서 멋진 라이프 워크를 얻는 사람이 많아요. 그런 위인들의 어린 시절의 '끝장 경험'을 소개합니다!

마크 트웨인

1835년~1910년
미국의 작가

호기심이 끊이지 않았어요! 목숨을 걸고서라도 알고 싶은 것이 있었으니까요!

《톰 소여의 모험》이라는 소설로 잘 알려진 작가 마크 트웨인은 주위 어른들이 늘 마음을 졸였을 정도로 호기심 많은 아이였어요. 어린 시절, 친한 친구가 홍역에 걸린 적이 있었어요. 당시에는 백신이 없었기 때문에 홍역은 목숨을 위협하는 아주 무서운 감염병이었지요. 하지만 사람이 홍역에 걸리면 어떻게 되는지 궁금했던 어린 마크 트웨인은 호기심을 억누르지 못하고 홍역에 걸린 친구의 침대에 몰래 들어갔어요. 결국 자기도 홍역에 걸려 생사의 갈림길에서 헤매는 처지가 되었지요. 비록 자신의 목숨이 위험해지더라도, 주위의 어른이 아무리 잔소리를 해도, 마크 트웨인은 자신의 호기심을 억누르지 않았던 '끝장을 보는 소년'이었답니다.

윈스턴 처칠

1874년~1965년
영국의 정치가이자 군인, 작가

1500개나 되는 장난감 병정으로 하는 복잡한 전쟁놀이를 좋아했어요!

영국의 수상을 지낸 윈스턴 처칠이 어렸을 때 가장 좋아했던 것은 전쟁놀이예요. 그것도 장난감 병정을 이용한 전쟁놀이였지요. 처칠은 여섯 살 아래 남동생과 함께 1500개나 되는 장난감 병정으로 복잡한 전쟁놀이를 했어요. 이 놀이에만 머리를 썼기 때문에 학교 성적은 거의 바닥이었답니다. 공부에 재능이 없었던 것은 아니지만 학교 수업에 흥미가 없었던 거예요. 처칠은 학교 생활을 포기하면서까지 장난감 병정놀이에 열중했답니다.

라이트 형제

형: 윌버 라이트 1867년~1912년, 동생: 오빌 라이트 1871년~1948년
세계 최초로 동력 비행에 성공

끊임없이 물건을 만들고, 분해하고…… 부모님도 형제를 도왔어요!

세계 최초로 엔진이 달린 비행기로 하늘을 나는 데 성공한 라이트 형제. 그들은 소년 시절, 만들기에 푹 빠져 있었어요. 아침부터 밤까지 무언가를 만들거나, 물건을 분해하여 그 구조를 알아보며 시간을 보냈지요. 부모님은 그런 라이트 형제를 적극적으로 도왔어요. 어머니는 형제에게 기꺼이 부엌을 실험실로 내주었고, 아버지는 소중한 목공 도구를 맘껏 쓰도록 허락했어요. 부모님의 이해와 협조 덕분에 형제는 질리도록 물건을 만들고, 분해하고, 놀면서 기계의 구조를 배울 수 있었어요.

아이작 뉴턴

1642년~1727년
영국의 과학자

해시계와 수차, 풍차 만들기에 몰두했던 소년!

만유인력을 발견한 뉴턴은 고독한 어린 시절을 보냈어요. 아버지는 태어나기 전에 이미 돌아가셨고, 어머니마저 두 살 무렵에 재혼했기 때문에 뉴턴은 할머니 손에서 자랐어요. 학교 성적이 좋지 않았지만 만들기만은 누구에게도 지지 않았어요. 뉴턴은 친구들과 놀지도 않고 매일 해시계와 수차, 풍차 등을 만들어 실험했어요. 소심하고 싸움도 못했던 뉴턴이었지만 자신이 만든 것을 무시하는 친구들을 용서하지 않았어요. 만들기를 통해서 자신감을 얻은 뉴턴은 성적도 쑥쑥 올라 마침내 반에서 1, 2등을 다툴 정도가 됐답니다.

조지 스티븐슨

1781년~1848년
증기 기관차를 발명한 영국의 토목 기술자이자 기계 기술자

목장 일을 하면서 증기 기관의 매력에 푹 빠졌던 소년!

조지 스티븐슨은 가정 형편이 어려워 학교에 다닐 수 없었어요. 대신 소년 시절부터 목장에서 양치기를 했어요. 스티븐슨은 목장에서 멀찍이 보이는 증기 기관을 동경했어요. 어린 스티븐슨은 마치 살아 있는 것처럼 계속 움직이는 증기 기관에 완전히 마음을 빼앗기고 말았지요. 그 이후 스티븐슨의 즐거움은 목장 일을 하는 틈틈이 찰흙으로 증기 기관 모형을 만들어 목초 위에 늘어놓는 것이었어요. 모형을 아무리 많이 만들어도 질리지 않았어요. 그 정도로 멋진 증기 기관에 매료되었던 거예요.

잉그리드 버그만

1915년~1982년
스웨덴 출신의 할리우드 배우

역할 놀이를 하며 연기하는 걸 즐기던 소녀!

영화 <카사블랑카>의 주인공으로 유명한 할리우드 배우 잉그리드 버그만은 세 살 때 어머니를 여의고 아버지 손에서 자랐어요. 버그만은 어릴 때 괴상하게 생긴 모자와 우스꽝스러운 안경을 쓰고 노는 걸 좋아했고, 전문 사진사였던 아버지는 그런 버그만의 모습을 카메라에 담았어요. 역할 놀이에 대한 열정이 한없이 높아진 버그만은 겉모습을 꾸미는 데 그치지 않고, 아직 글도 읽지 못할 정도로 어렸지만 연기까지 하게 되었어요. 역사에 이름을 남긴 할리우드 배우의 출발점은 어린 시절에 진지하게 했던 가장 놀이였어요.

> 두 번째: 나만의 길을 간다

흥미 있는 일을 발견하면 주위의 눈은 신경 쓰지 말고 일단 해 봅니다

유행에 신경 쓰지 마세요. 가장 중요한 것은 여러분이 지금 무엇에 흥미를 느끼는지 아는 거예요!

지금 여러분이 좋아하는 것이나 흥미를 느끼는 것이 있다면 그것을 확실하게 믿으세요. 내가 좋아하는 것이 반에서 전혀 유행하지 않더라도 그런 건 신경 쓰지 않아도 돼요. 다른 친구들이 관심을 두는 것에 나의 흥미를 맞출 필요도 없고요. '자신이 좋아하는 것'을 믿고 철저히 탐구해 보세요.

주변 사람들의 취향에 맞춰, 또는 유행한다는 이유로 내가 좋아하는 것까지 바꿔 버리면 나의 개성이 사라지는 거예요. 좋아하고 관심이 가는 무언가가 있다는 것만으로도 여러분은 이미 자신의 길을 걸어갈 자격이 있답니다.

굳이 남에게 자신을 맞출 필요는 없어요. 유행에 아랑곳하지 않고 자신만의 길을 걸어가는 여러분은 아주 멋진 어린이예요. 그런 여러분이 어른이 되었을 때, 멋진 라이프 워크를 즐길 수 있을 거예요.

마음을 울리는 위인의 명언

> "최고의 성공 비결은 다른 사람이나 상황에 휘둘리지 않는 사람이 되는 것이다."

독일 출신의 프랑스 의사이자 철학자 알베르트 슈바이처(1875년~1965년)의 명언이에요. 사람은 누구나 주위의 평가나 주위의 시선에 신경 쓰게 마련이에요. 하지만 정말로 좋아하는 것을 깊이 파고들기 위해서는 다른 사람의 눈을 의식하지 않는 강한 마음의 힘도 필요하답니다.

세 번째: 행동하는 힘

하고 싶은 일이 있을 때는 곧바로 행동해요

어른이 되면서 지혜로워진다는 것은 참 멋진 일이에요. 하지만 지혜로워지면 때로 부작용도 따른답니다. 지혜로운 어른 중에는 '어느 쪽이 이익인가?', '어느 쪽이 성공 확률이 높은가?' 하고 모든 일을 이익과 손해로만 생각하는 사람도 있으니까요. 매사에 이익과 손해를 따지는 어른은 좋아하는 것을 일로 하는 라이프 워크를 즐길 수 없는 경우가 많아요. 먼저 손익을 따져 보고 이익이 안 된다고 판단하면 곧바로 행동을 멈출 테니까요. 순수하게 좋아하는 마음만으로는 행동하지 못하는 어른도 많답니다.

열 살의 여러분은 손익을 따지거나, 계산하지 말고 좋아하는 감정이 생기면 즉시 행동하기를 바랍니다. 세상에는 마음이 끌리는 대로 행동했을 때 뜻밖의 놀라움과 감동을 선사하는 일이 많으니까요. 이런 경험은 인생을 더욱 풍요롭게 해 주지요. 손익만 따져서는 경험할 수 없는 세계가 있답니다.

마음을 울리는 위인의 명언

> "무언가를 시작하는 방법은
> 말하기를 멈추고 일단 손을 움직이는 것."

항상 새로운 일에 도전해 온 애니메이션의 아버지 **월트 디즈니**(1901년~1966년)의 명언이에요. 말하는 것만으로는, 또는 생각하는 것만으로는 뭔가가 바뀌지 않아요. 실제로 행동에 옮겼을 때만 무언가가 시작된답니다.

> **네 번째: 감동하는 힘**

놀라움과 감동에는
인생을 바꾸는 힘이 있어요

무언가에 놀라고 감동을 느낄 때, 그것을 좋아하는 계기가 됩니다.

어린 시절에 관람했던 축구 경기 덕분에 축구를 무척 좋아하게 된 사람들이 있어요. 축구 선수의 열정적인 플레이를 보고 '와아, 저렇게 대단한 경기를 할 수 있구나!' 하는 놀라움이 계기가 된 거죠. 축구 만화를 읽고 감동했던 경험으로 축구에 푹 빠진 사람도 있을 거예요. 이런 놀라움과 감동이 계기가 되어 좋아하는 일을 찾기도 해요. 그러니 여러분도 그러한 감정을 소중히 여기길 바랍니다.

만약 지금 좋아하는 게 없어도, 놀라워하고 감동하는 마음만 있다면 언젠가는 반드시 좋아하는 것을 찾을 수 있어요.

우리는 배움을 통해서도 놀라움과 감동을 느낄 수 있어요. 모르는 것을 배우는 것이 공부예요. 공부를 하다 보면 그동안 느끼지 못했던 설렘과 감동을 넘치도록 느낄 수 있을 거예요. 물론 학교 수업만이 공부는 아니에요. 여러분이 배워야 할 것은 학교 밖에도 수두룩하답니다.

마음을 울리는 위인의 명언

"놀라움이야말로 탐구의 시작이다."

진화론을 주창한 **찰스 다윈**(1809년~1882년)의 명언이에요. 비글호를 타고 갈라파고스제도를 탐험한 경험은 다윈에게 놀라움과 감동의 연속이었어요. 다윈은 신기한 갈라파고스제도의 생태를 상세히 기록했고, 그 기록은 훗날 위대한 발견의 시작이었답니다.

다섯 번째: 순수한 마음

순수한 마음은
모든 것을 즐길 수 있는 밑바탕이에요

멋진 일이나 멋진 사람을 만났을 때,
순수하게 멋지다고 생각하는 마음이 필요해요.

순수한 마음

운동 경기에서 감동적인 장면을 보여 주는 운동선수를 보면 여러분은 어떤 생각이 드나요? 혹시 '그래서 그게 어쨌다고……? 저렇게 성공하는 사람은 일부야!', '금메달을 따도 어차피 먹고살기 힘들잖아?'라고 생각하려나요? 이렇게 빈정거리거나 자포자기하는 마음으로는 좋아하는 것을 찾을 수 없어요. 무엇을 봐도 더는 가슴이 설레고 두근거리지 않을 테니까요. 모처럼 찾아온 기회를 놓치는 건 너무나 아까운 일이에요.

놀랍거나 감동적인 장면을 보았을 때, 대단한 것을 대단하다고 생각할 수 있는 순수한 마음은 생각보다 중요해요. 행동하는 힘은 어린 시절의 순수한 마음에서 생긴답니다. 지금 여러분의 마음은 순수함 그 자체예요. 순수하게 놀라는 마음과 감동하는 마음을 소중히 여겨 장차 멋진 어른이 되길 바랍니다. 그리고 멋진 라이프 워크를 찾길 바랍니다.

마음을 울리는 위인의 명언

> "내 머릿속을 들여다보세요.
> 속은 열세 살이에요."

여성의 자립을 꿈꿨던 프랑스의 패션 디자이너 **코코 샤넬**(1883년~1971년)의 명언이에요. 샤넬은 세계적인 패션 브랜드 '샤넬'을 키워 냈지만, 그녀의 마음속에는 언제나 열세 살 무렵의 순수함으로 가득 차 있었어요.

여섯 번째: 유연한 마음

유연한 마음만 있다면 진심으로 좋아하는 것을 언제든 찾을 수 있어요

나이에 상관없이
언제든 '좋아하는 것'을 찾을 수 있어요!

어른이 된 후에 자신이 하는 일을 좋아하게 되는 경우도 있을 거예요. 어렸을 때는 잘 모르던 분야였지만 일을 하면서 재미를 느끼게 된 거죠. 이것 역시 라이프 워크라고 할 수 있어요. 놀라움과 감동하는 마음을 소중히 간직해 온 사람이 유연한 마음으로 자신의 일을 대하면 그 일을 좋아할 수 있어요. 세상에 편하고 쉽기만 한 일이 없는 것처럼 시시하기만 한 일도 없답니다. 모든 일에는 반드시 의미가 있고 보람이 있어요. 중요한 것은 그것을 알아보는 마음이에요.

그러니 아직 좋아하는 것을 발견하지 못했어도 조급해할 필요는 없어요. 유연한 마음으로 세상을 바라보면 언젠가 여러분의 마음을 설레게 해 줄 것과 만날 테니까요. 그리고 마침내 마음을 설레게 하는 그 어떤 것을 만났을 때, 손해냐 이익이냐를 따지지 않고 순수한 마음으로 행동한다면 멋진 라이프 워크를 얻을 수 있답니다.

마음을 울리는 위인의 명언

"어른은 크게 성장한 어린이에 지나지 않는다."

영국의 시인이자 극작가인 **존 드라이든**(1631년~1700년)**의 명언이에요.** 사람의 마음속에서 어린이와 어른의 경계는 뚜렷하지 않아요. 어른의 마음속에도 어린 시절의 순수한 마음이 남아 있어요. 그 마음을 잊지 않는다면 아무리 나이가 들어도 좋아하는 것과 만날 수 있어요.

제 3 장

좋아하는 것을
강점으로 만드는 방법 2

#좋아하는 것을
포기하지 않는 힘이 필요해요

일곱 번째: 성장하는 힘

벽은 지금의 자신이 뛰어넘을 수 없기 때문에 벽

좋아하는 것을 계속 해나가다 보면 반드시 앞을 가로막는 것이 있어요. 바로 '벽'이지요. 벽을 만났을 때 큰 어려움이나 시련 없이 잘 넘었다면 그것은 벽이 아니겠죠? 누구나 벽에 부딪히면 막막하고 포기하고 싶어진답니다. 그런데 말이에요, 그 벽은 나에게는 거대한 벽일지 몰라도 다른 사람에게는 가벼운 돌부리 같은 것일 수도 있어요. 여러분이 좋아하는 것을 찾아가는 과정에서 벽은 반드시 나타난답니다.

벽을 넘기 위해서 미리 뭔가를 준비할 필요는 없어요. 왜냐하면 여러분이 벽을 넘으려고 부딪히고 넘어지는 동안 조금씩 성장을 하고, 결국 그 힘으로 벽을 뛰어넘을 수 있게 될 테니까요. '내가 이 벽을 뛰어넘을 수 있을까?'라고 고민하는 건 괜한 시간 낭비예요. 신념을 갖고 몇 번이고 도전해 보세요. 그러면 저절로 벽을 뛰어넘을 힘이 생길 거예요.

벽은 여러분이 한 단계 성장할 때마다 더 높아질 거예요. 하지만 걱정하지 말아요. 그 벽에 도전해서 뛰어넘고 또 새로운 벽에 도전하면 되니까요.

마음을 울리는 위인의 명언

> **"성공하기 전에는 항상 그것이 불가능해 보이기 마련이다."**

넬슨 만델라(1918년~2013년)는 남아프리카공화국의 제8대 대통령이에요. 인종 차별 정책인 '아파르트헤이트' 폐지에 온 힘을 쏟았고, 27년에 이르는 감옥 생활 끝에 노벨 평화상을 받았어요. 그가 걸어온 길은 불가능해 보일 정도로 멀고 험난했답니다.

여덟 번째: 말에 휘둘리지 않는 힘

재능을
핑계 삼으면 안 돼요

좋아하는 것을 계속해 나가는 데 필요한 것은
'재능'이 아니에요!

여러분은 혹시 유명한 운동선수를 보면 '저 사람은 재능이 있으니까 성공한 거야'라고 생각하나요? 그건 잘못된 생각이에요. 그 사람의 성공은 재능이 아니라 노력의 결과니까요. 누군가의 성공을 오직 재능 때문이라고 하는 사람들은 그 사람이 얼마나 노력했는지 모르고, 알려고 하지도 않아요. 끊임없이 앞을 막아서는 벽, 고민, 공포……. 이런 문제들을 극복해 온 오랜 과정을 재능이라는 한 단어로 치부해 버릴 수는 없어요. 또 재능이 없다는 말은 그 길을 포기할 때 대는 핑계나 다름없어요. 스스로 재능이 없다고 생각하는 건 자신의 성장을 방해할 뿐이에요.

'나에게 재능이 있을까? 없을까?'라고 생각할 시간이 있다면 벽을 넘기 위한 도전을 계속해 보세요. 여러분에게 필요한 것은 좋아하는 마음에서 솟는 포기하지 않는 힘, 계속하는 힘, 휘둘리지 않는 힘이니까요. 여러분의 가능성을 스스로 제한해서는 안 돼요.

마음을 울리는 위인의 명언

"내가 가치 있는 발견을 한 것은
다른 재능보다 참을성 있게 관찰한 덕분이다."

영국의 물리학자이자 수학자인 **아이작 뉴턴**(1642년~1727년)의 명언이에요. "이루고 싶은 것을 항상 생각하고 생각하라. 이것이 성공을 위해 필요한 것이다. 우리 인생은 저마다의 사상으로 만들어져 가는 것이다."라는 말도 남겼어요.

아홉 번째: 계속할 수 있는 힘

한번 시작한 것을 **계속할 수 있는 사람**이 가장 강한 사람이에요

좋아하는 것을 강점으로 만드는 데 꼭 필요한 힘은 계속하는 힘, 바로 '끈기'예요. 무슨 일을 하든지 밀고 나가는 이 끈기는 '인생 최강의 아이템'이라고 생각해도 좋답니다. 끈기가 몸에 밴다면 여러분은 아주 단단한 사람이 될 수 있어요.

좋아하는 것을 계속하다 보면 반드시 벽에 가로막혀요. 끈기는 그 벽을 뛰어넘게 해 주는 힘이지요. 힘들고 하기 싫은 일도 좀 더 해 보자는 마음으로 끈기 있게 하다 보면 그 일은 자연스럽게 나의 강점이 되지요. 끈기는 때로 미래의 문을 열어 주기도 한답니다.

어린 시절에 무언가를 끝까지 해 본 경험은 어른이 된 뒤에도 도움이 돼요. 어른이 돼서 끈기를 키우는 건 결코 쉽지 않아요. 툭하면 도망치거나 게으른 습관이 몸에 밴 어른은 여간해서 잘 변하지 않으니까요. 지금 뭔가를 계속하려는 여러분의 그 행동이 여러분의 미래를 바꿔 놓을 거예요.

마음을 울리는 위인의 명언

> "반복적으로 무엇을 하느냐가 우리를 결정한다.
> 그렇다면 탁월함은 '행위'가 아닌 '습관'이다."

아리스토텔레스(BC 384년~BC 322년)는 소크라테스, 플라톤과 함께 고대 그리스의 3대 철학자로 꼽히는 인물이에요. 다양한 분야에서 남긴 연구 업적으로 '만학의 아버지'라고 불려요. 또 "나의 성격은 나의 행위의 결과이다."라는 명언도 남겼어요.

열 번째: 남과 자신을 비교하지 않는 힘

남이 아닌
자기 자신을 이겨요

'어제의 자신'을 뛰어넘도록 해요!

혹시 여러분은 대단한 누군가를 보고 나는 안 될 거라고 지레 포기한 적이 있나요? 만약 있다면 오늘부터 그런 생각은 하지 말도록 해요. 자신을 남과 비교하는 것은 아무 의미가 없답니다. 여러분은 여러분의 인생을 걷고 있고, 다른 사람 역시 그 사람의 인생을 걷고 있으니까요. 자신과 남을 비교해서 우열을 가리는 건 성장에 눈곱만큼도 도움이 안 돼요. 다른 사람의 강점을 존경하는 것은 훌륭한 일이에요. 하지만 거기에 자신을 비교하기 시작하면 열등감이 생겨 걸음을 멈추게 된답니다.

반대로 남을 업신여기면서 우쭐하거나, 남이 게으름을 피운다고 남에게 휩쓸려도 안 돼요. 내 인생에 책임을 질 수 있는 사람은 오로지 나뿐이니까요.

여러분이 비교할 것은 자기 자신, 좀 더 정확히 말하면 '어제의 자신'이에요. '어제는 할 수 없었던 일을 오늘은 했어!' 하며 성장하는 자신을 발견하면 의욕이 생기고 동기 부여도 된답니다. 어제의 자신을 뛰어넘었다면 여러분은 승리한 거예요.

마음을 울리는 위인의 명언

> "포기하지 않는 사람을 이길 수는 없다."

베이브 루스(1895년~1948년)**는** 미국의 야구 선수로, '야구의 신'이라고 불려요. 루스는 홈런왕이었지만 동시에 스트라이크 아웃을 많이 당한 삼진왕이기도 했답니다. 그는 무슨 일이 있어도 절대 포기하지 않고 야구 방망이를 계속 휘둘렀어요.

> 열한 번째: 즐기는 힘

두근두근 설레는 마음은 아주 소중해요

내가 재미있어서 하는 일을 다른 사람이 이해하지 못할 때도 있어요. "왜 이런 일에 열중하는 거야?", "이런 일을 하면 뭐가 나오는데?"라는 말을 들을 수도 있고요. 이런 차이는 즐기는 힘 때문에 생기는 거랍니다.

단순히 좋아하는 것이 있을 뿐인 상태에서는 성장도 미래도 없어요. 쉽게 이야기해 볼게요. 좋아하는 것은 배의 '돛', 즐기는 힘은 '바람'이라고 해 봐요. 배는 돛에 부는 강한 바람으로 쑥쑥 나아가지요. 하지만 돛만 있고 바람이 없다면 앞으로 나아갈 수 없어요. 마찬가지로 좋아하는 것이 있는데 맘껏 즐기지 못하면 성장할 수 없어요. 하지만 즐기기 시작하면 그 과정이 고생스럽더라도 하나도 힘들지 않고 좋아하는 일로 삼을 수 있지요.

즐기는 힘이 있으면 높고 두터운 벽이 있더라도 그 너머에 있는 새로운 세계를 상상하며 설레는 마음으로 부딪치게 해 준답니다.

마음을 울리는 위인의 명언

> "노력은 행복을 얻는 수단이 아니다.
> 노력 그 자체가 행복을 준다."

《전쟁과 평화》, 《안나 카레니나》 등을 쓴, 러시아 대표 소설가 **레프 톨스토이**(1828년~1910년)의 말이에요. 행복을 얻기 위해서 힘겨운 노력을 계속하기보다 노력하는 것으로 행복을 느끼라는 의미지요.

열두 번째: 좌절과 실패에서 배우는 마음

좌절은
아주 귀중한 경험이에요

목표를 향해 노력하다 보면 반드시 좌절 혹은 실패를 경험하게 돼요. 모든 과정에 벽이 있는 것처럼 좌절을 겪지 않는 사람은 없어요. 좌절이라는 말을 부정적으로 생각할 수도 있지만 꼭 나쁜 것만은 아니랍니다. 좌절은 어디까지나 일을 이루러 가는 길의 중간 지점에 지나지 않으니까요. 오히려 좌절을 귀중한 경험이며 계기라고 생각해 보세요. 좌절을 극복하고 나면 커다란 성공이 기다리고 있고, 새로운 나를 만날 수 있을 테니까요. 그러기 위해서는 좌절해도 포기하지 않는 강한 마음과 흔들림 없는 신념이 필요해요.

좋아하는 것을 강점으로 만든 사람들에게 좌절 경험을 들려 달라고 하면, 아마 성공 경험보다 훨씬 더 많은 이야기를 들을 수 있을 거예요. 큰 좌절과 실패를 맛본 사람은 강해요. 숱한 고통이야말로 좋아하는 것을 더욱 깊이 탐구할 수 있는 강인한 정신을 만들어 내니까요.

마음을 울리는 위인의 명언

> "패배는 최악의 실패가 아니다.
> 시도조차 해 보지 않은 것이 진정한 실패이다."

미국의 시인이자 문학 평론가 **조지 우드버리**(1855년~1930년)가 한 명언이에요. 그에게 실패는 두려움의 대상이 아니었어요. 그보다 그 어떤 일에도 도전하지 않는 것, 행동하지 않는 것을 두려워했어요.

열세 번째: 아무튼 해 보는 힘

잘되지 않더라도
한 발짝만 내디뎌 보세요

좋아하는 것에 도전해도 잘되지 않을 때가 많아요. 그렇다고 어차피 안 될 거라며 아무것도 하지 않는다면 털끝만큼도 성장하지 않겠죠? 작은 걸음이라도 내디디면 앞으로 나아가게 돼 있어요. 도전하기 전에 '잘될까? 안 될까?'라는 망설임은 접어 두고 과감하게 한 걸음 내디뎌 보는 거예요. 그럼, 당장 성공을 거두지는 못해도 반드시 성장할 테니까요. 실패에서 배움을 얻었다면 여러분은 성장한 거예요. 이런 성장이 계속 쌓이면 결국 '성공'으로 이어지지요.

'내가 과연 할 수 있을까……?' 하며 도전을 망설이는 사람이 있다면, 그 사람에게는 앞으로 나아가는 배짱이 필요해요. 도전하는 데 자신감 같은 건 없어도 돼요. 자신감이란 도전한 후에 저절로 따라붙는 거니까요. 불안을 이기고 앞으로 내디딘 첫걸음이 여러분의 미래를 바꿔 준답니다.

마음을 울리는 위인의 명언

> "인생에서 성공은 약속되어 있지 않다.
> 그러나 성장은 약속되어 있다."

《운을 끌어당기는 과학적인 방법》을 쓴 **다사카 히로시**(1951년~)의 **명언이에요.** 이 책에는 사람은 왜 성공하기를 바라는가, 그리고 직업인으로서, 인간으로서, 인간 집단으로서 지녀야 할 성장을 위한 마음가짐이 담겨 있어요.

열네 번째: 쉬어가는 용기

끝까지 해 보고 안 되면 일단 쉬어 보세요. **적극적인 후퇴**

온갖 방법을 다 써 봤는데…….
그래도 잘되지 않을 때는
한 번쯤 쉬어 가는 것도 좋아요.

할 수 있는 모든 걸 다 해 봐도 일이 잘 풀리지 않을 때가 있어요. 그럴 때는 일단 쉬어 보는 것도 좋은 방법이에요. 잠깐의 휴식, 곧 지금 상황에서 도망치는 거죠. 이건 '적극적인 후퇴'라고 할 수 있어요.

여러분은 그동안 도전한 만큼 성장해 있을 테고, 어쩌면 쉬는 동안에 상황이 좋게 바뀔지도 모르니까요. 그런 기대를 품고 휴식을 하는 거예요.

좋아하는 것을 끝까지 해 보는 것은 매우 멋진 일이에요. 그러나 그 일에만 꽁꽁 갇혀 지내는 것은 좋지 않아요. 푹 쉬면서 마음의 균형을 잡는 것도 중요해요. 쉬면서 차분히 생각을 정리하고, 피로에 지친 몸을 회복시켜 보세요. 그러면 시야가 넓어지고, 또 다른 생각이 떠오를 수도 있어요. 어쩌면 새로운 해결책이 보일 수도 있고요. 초조해하지 말고 멀리 내다보면서 도전해 보세요.

마음을 울리는 위인의 명언

> "아무것도 할 수 없는 날에는
> 훗날 즐기지도 못할 것을 만들려 하기보다,
> 빈둥거리며 지내거나 잠을 자면서 보내는 게 낫다."

요한 볼프강 폰 괴테(1749년~1832년)는 독일을 대표하는 문호예요. 《젊은 베르테르의 슬픔》, 《파우스트》 등의 소설과 서사시, 시극 등 수많은 작품을 남겼어요.

열다섯 번째: 재도전하는 마음

자신의 마음을
다시 확인해 보세요

적극적인 후퇴를 했다면 이제 차분히 생각해 보기 바랍니다. 기분 전환을 하고 난 후, 한결 상쾌해진 기분으로 솔직한 물음을 던져 보는 거예요. '지금까지 내가 몰두해 온 일이 사라진 인생은 어떨까?', '그동안 열심히 좇아 온 것이 물거품이 된다면……?' 그때, '그래 다시 해 보는 거야!'라는 뜨거운 마음이 솟아나면 다시 도전해 보세요. 처음부터 다시 하는 거예요.

만약 그런 강한 마음이 일지 않는다고 해도 걱정할 건 없어요. 다른 길을 찾아봐도 되고, 조금 더 쉬어도 괜찮으니까요. 정말로 좋아하는 것, 하고 싶은 것을 발견하여 그 길을 가기로 결정하기까지는 휴식과 재도전의 시간이 여러 번 필요할 때도 있어요. 멀리 돌아가는 것 같겠지만 솔직한 자신과 마주할 수 있다면, 이런 시간은 절대 헛되지 않답니다.

마음을 울리는 위인의 명언

> "실패와 헛되다고 생각되는 일을 포함하여,
> 지금까지 살아온 인생에서
> 배운 것을 절대 낮게 평가할 필요는 없다."

할랜드 데이비드 샌더스(1890년~1980년)는 '켄터키 후라이드 치킨(KFC)'의 창업자예요. 세계 최초로 프랜차이즈 사업을 생각해 내고 펼친 인물이지만, 그 이전에는 마흔 개가 넘는 직업을 거쳤어요. 그런 경험 없이는 나올 수 없는 명언이에요.

제 4 장

좋아하는 것이 강점이 되었을 때

#새로운 세계를 만날 수 있어요

라이프 워크

다른 사람이 모르는 영역

지루하고 귀찮은 일 앞에는
새로운 즐거움이 있어요

어떤 사람도 갑자기 커다란 성공을 손에 넣을 수는 없어요. 성공은 언제나 지루하고 귀찮은 작업과 한 쌍이지요. 흔히 인기 연예인들이 말하는 무명 시절이 이와 비슷해요. 그런데 마음이 단단한 사람은 지루한 시간과 귀찮은 일까지도 즐길 수 있답니다.

한 가지 예를 들어 볼까요? 전직 프로 야구 선수 박용택은 선수로 활동하면서 2500개가 넘는 안타를 쳤어요. 한국 프로 야구 선수 중에서 가장 많은 안타를 친 선수예요. 2500개가 넘는 안타 수는 다른 사람들에게는 아득히 멀고 불가능한 숫자로 보일 수도 있지만 선수에게는 야구를 사랑하는 마음으로 힘든 시간을 버티며 연습한 결실이지요.

연구도 마찬가지예요. 위대한 발견과 성과는 상상할 수 없을 만큼 많은 실험과 연구를 거듭한 끝에 나온 결과물이에요. 지루한 일, 귀찮은 일 앞에는 상상하지 못할 더 큰 즐거움이 기다리고 있답니다.

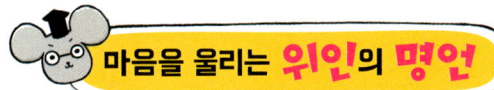
마음을 울리는 위인의 명언

"모든 위대한 성공은
지루하고 귀찮은 일이 축적되어 이뤄지는 것이다."

현대 경영학을 처음 시작한 미국의 경영학자 **피터 드러커**(1909년~2005년)는 '인간이 행복해지려면 어떻게 해야 하는가?'를 탐구한 인물 중 하나예요. 그는 "미래를 예측하는 가장 좋은 방법은 미래를 창조하는 것이다."라는 말도 남겼어요.

또 다른 어려운 문제

즐거움과 힘듦은 종이 한 장 차이

진심으로 좋아하는 세계에 들어간 사람만이 느끼는 힘든 부분이 있어요!

좋아하는 일을 찾았다고 해도 그 일이 즐겁고 편하기만 한 것은 아니에요. 좋아하기 때문에 아무렇게나 하지 않고 그 일에 더 철저하고 진지해지니까요. 대충대충 할 수 없으니 어려움과 고통이 따르는 건 당연하지요. 심지어 땀 흘리며 꾸준히 연습하고 준비한 나의 노력을 아무도 알아주지 않을 수도 있어요. 하지만 노력하는 과정에서 '힘들지만 즐거워!'라는 순간을 경험한 사람만이 느낄 수 있는 소중한 감정이 있어요. 그 길을 끝까지 걷기로 마음먹고 나아가는 사람이 얻을 수 있는 즐거움이지요. 동시에 고통도 따를 거예요. 좋아할수록, 진지할수록 고통도 더 커진답니다.

즐겁고 편한 세계와 즐겁지만 힘든 세계는 좋아하는 것을 추구하는 마음의 깊이가 전혀 다릅니다. 진정한 뿌듯함과 성취감은 즐겁지만 힘든 과정을 거친 다음에만 맛볼 수 있어요. 물론 라이프 워크도 그 후에만 존재하고요.

마음을 울리는 위인의 명언

> "1%의 영감이 99%의 노력을 고통스럽지 않게 하는 힘을 가지고 있다."

미국의 발명가 **토머스 에디슨**(1847년~1931년)이 한 이 말은 '천재는 1%의 영감과 99%의 노력으로 이루어진다.'라는 명언으로 잘 알려져 있어요. '99%의 노력'이 중요하다고 해석하기도 하지만 에디슨은 실제로 '1%의 영감'을 훨씬 더 중요하게 생각했다고 해요.

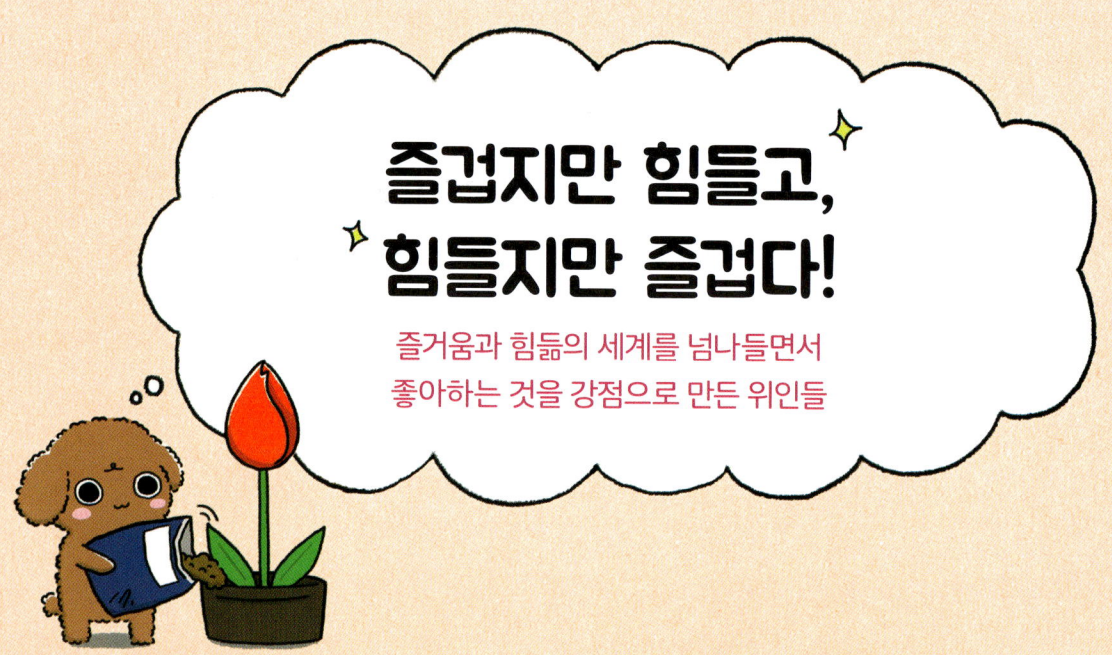

즐겁지만 힘들고, 힘들지만 즐겁다!

즐거움과 힘듦의 세계를 넘나들면서
좋아하는 것을 강점으로 만든 위인들

즐거운 것과 편한 것은 달라요. 정말로 즐거운 것은 언제나 힘든 것과 한 쌍이에요!

　진심으로 좋아하는 것을 계속해 나가다 보면 반드시 '지루하고 까다롭고 귀찮은 일'에 직면하게 돼요. 이것은 좋아하는 것을 직업이나 일로 삼지 않더라도 좋아하는 것을 진심으로 끝까지 파고들 때 부딪치는 상황이라고 할 수 있어요. 만약 여러분이 그런 상황에 놓인다면 어떨 것 같나요? 귀찮으니까 그만둘 건가요? 아니면 귀찮고 힘들지만 끝까지 해내서 한 단계 더 성장할 건가요? 진정한 의미의 충만함과 즐거움은 편안함과는 달라요. 끊임없이 노력하여 그 앞에 있는 세계를 알게 되면 충만함과 즐거움도 한층 커진답니다.

　진정한 즐거움은 힘들고 귀찮은 것과 언제나 한 쌍을 이뤄요. 자신이 좋아하는 것을 타협하지 않고 끝까지 해낸 위인들은 숱한 고난과 역경을 뛰어넘은 끝에 즐겁고 힘들지만 충실한 라이프 워크를 얻을 수 있었어요.

윌리엄 허셜

1738년~1822년
영국의 천문학자

10여 년 동안이나 천체 망원경 렌즈를 연구!

음악가로 생계를 꾸렸던 윌리엄 허셜은 어린 시절부터 우주에 대해 관심과 호기심이 남달랐어요. 우주를 동경하는 허셜의 마음은 어른이 돼서도 사그라지지 않고 점점 커졌답니다. 그러나 그가 살던 시대에는 천체 망원경이 무척 비쌌어요. 가난했던 허셜에게 아무도 본 적이 없는 우주의 끝을 보고 싶은 꿈을 이루는 길은 단 하나였어요. 바로 천체 망원경을 직접 만드는 것이었어요. 망원경의 재료인 렌즈를 깎고 다듬는 데에는 엄청난 시간과 고도의 기술이 필요했어요. 렌즈 한 장을 다듬는 데 약 열 시간이 걸렸으니까요. 허셜은 잠자는 시간까지 아끼며 10여 년 동안 자그마치 400장이 넘는 렌즈를 만들었다고 해요. 1781년, 허셜은 직접 제작한 천체 망원경으로 마침내 천왕성을 발견합니다! 천왕성 발견으로 허셜은 드디어 천문학자로서 생계를 꾸릴 수 있게 됐답니다.

루트비히 판 베토벤

1770년~1827년
독일의 작곡가

곡의 아이디어를 적은 메모가 7000장 이상!

작곡가에게 가장 중요한 청력을 잃은 베토벤. 그는 점점 떨어지는 청력 때문에 괴로워하면서도 작곡을 멈추지 않았어요. 청력을 완전히 잃은 뒤에도 완벽한 곡을 쓰기 위한 노력을 멈추지 않았다고 해요. 교향곡 〈운명〉 2악장은 한 부분을 여덟 번이나 수정했고, 아이디어를 적은 메모는 총 7000장에 이른답니다. 베토벤은 '명곡'을 만들어 내겠다는 염원으로 극한의 고통을 겪으면서 수백 곡의 작품을 탄생시켰어요. 그 누구보다도 '고통'과 '충만함'의 세계를 넘나들었던 위인이라고 할 수 있어요.

아이작 뉴턴
1642년~1727년
영국의 과학자

먹는 것도 잊고 '생각'에 몰두! 그에 대한 답은 명확한 '빛'이었어요.

만유인력의 법칙으로 유명한 뉴턴은 보통 사람과는 차원이 다를 정도로 생각할 때의 집중력이 대단했어요. 심지어 온종일 무언가를 끊임없이 생각했다고 해요. 한번 생각하기 시작하면 식사 시간에 밥 먹는 것도 잊었지요. 그가 남긴 음식은 기르던 고양이 차지였는데, 그래서 뉴턴의 고양이는 늘 토실토실했다고 해요. 뉴턴은 이런 말을 남겼어요. "나는 늘 머릿속에 있는 문제를 생각한다. 처음에는 천천히 먼동이 트는 정도로, 그리고 조금씩 답이 보이기 시작하면 마침내 밝은 빛이 된다." 먹는 것도 잊고 생각에 잠기던 뉴턴이지만, 답이 명확한 빛으로 보일 때는 보통 사람들은 경험할 수 없는 '기쁨'에 가슴이 벅찼을 거예요.

토머스 에디슨
1847년~1931년
미국의 발명가

실패한 것이 아니라 '전구가 빛을 내지 않는다는 발견'을 2만 번 했을 뿐이다!

에디슨은 축음기와 백열전구 등 현대 문명의 주춧돌이 된 수많은 발명을 했어요. 그는 하루 열여섯 시간 이상을 연구에 몰두했어요. 그런 에디슨은 "나는 그동안 실패를 한 것이 아니다. 전구가 빛을 내지 않는다는 발견을 2만 번 했을 뿐이다."라고 말했어요. 여기서 2만 번은 1만 번이니, 2만 5000번이니 하고 의견이 분분하기도 해요. 하지만 에디슨의 위대한 발명이 엄청난 실패를 딛고 이뤄졌다는 사실은 변함이 없어요. 아무리 실패를 해도 결코 비관적으로 생각하지 않고, 그 실패를 자신의 목표를 향해 힘차게 나아가는 열정으로 바꾼 에디슨은 '힘든 상황'을 '즐거움'으로 바꾼 천재가 아니었을까요?

마니아 스크워도프스카 (마리 퀴리)

1867년~1934년
폴란드 출신의 프랑스 물리학자이자 화학자

역경을 이겨 내고, 자신의 몸을 희생하면서까지 탐구하고자 했어요.

　마리 퀴리는 여성 최초로 노벨 화학상을 수상한 화학자예요. '퀴리 부인'이라는 이름으로 유명한 마리 퀴리는 수많은 역경을 딛고 성공한 인물로 꼽을 수 있어요. 그녀는 "위대한 발견은 과학자의 두뇌에서 완전한 모습으로 갑자기 나타나는 것이 아니라, 방대한 연구가 쌓인 뒤에야 열리는 과실이다."라는 말을 했어요. 이 말처럼 마리 퀴리가 걸어온 연구의 길에는 언제나 고난이 뒤따랐지요. 파리의 대학에서 물리학과 화학, 수학을 공부할 때에는 끼니조차 제대로 때우지 못하고, 날씨가 추울 때는 갖고 있는 옷을 전부 껴입고 자야 할 정도로 생활이 어려웠어요. 그런 환경에서도 마리 퀴리는 악착같이 공부해서 마침내 물리학 학사 자격을 얻었어요. 마리 퀴리는 남편과 함께 광물 연구에 몰두하여 마침내 방사성 원소인 '라듐'과 '폴로늄'을 발견합니다. 그런데 난데없이 마리 퀴리의 몸에 이상이 나타나요. 극심한 귀울림과 급격한 시력 저하로 고통에 시달리지요. 실험하면서 계속 방사선에 노출됐던 것이 원인이었어요. 마리 퀴리에게는 자신의 건강을 희생하면서까지 탐구하고 싶은 열정이 있었던 거예요. 그녀의 탐구심은 오늘날의 의료와 산업 발전에 헤아릴 수 없을 정도로 큰 공헌을 했어요.

취미를 일로 삼는 단계

받는 사람에서
보내는 사람으로 바뀔 때

여러분이 만화책 읽는 것을 좋아한다고 해 볼까요? 그럼, 그 좋아하는 만화를 나의 일이 되었다고 생각하면, 제일 먼저 만화를 그리는 만화가가 떠오를 거예요. 만화가 외에도 만화를 만드는 사람은 더 있어요. 만화가를 돕는 조수, 출판사 편집자, 책의 꼴을 만드는 디자이너, 인쇄하는 사람……. 한 권의 만화는 이렇게 많은 사람의 손을 거쳐 만들어져요. 게다가 포장, 운반, 판매, 홍보 등 관련된 일을 하는 사람도 아주 많답니다.

무슨 일이든 직업으로 하는 사람의 공통점을 살펴보면 '보내는 쪽'에 있다는 거예요. 만화를 읽고 즐기는 사람, 다시 말해 '받는 쪽'은 일보다 취미에 가까워요. 물론 취미로 즐기는 것도 멋지지만 좋아하는 것을 직업으로 삼거나 일로 하고 싶을 때, 여러분은 '나는 다른 사람에게 무엇을 보낼 수 있을까?' 생각해 보세요. 무언가를 보내거나 보내는 방식 그 자체가 일이라고 할 수 있으니까요.

마음을 울리는 위인의 명언

"선사하는 것은 최고의 기쁨이다.
다른 사람에게 기쁨을 가져다주는 사람은
자기 자신도 그것을 통해 기쁨과 만족을 얻는다."

'디즈니랜드'의 설립자 **월트 디즈니(1901년~1966년)**의 명언이에요. 어른, 아이 모두 즐길 수 있는 테마파크를 만들어 많은 사람에게 꿈과 감동을 준 인물이에요.

일하는 보람은 어디에 있을까?

라이스 워크와 라이프 워크는
스스로 결정해요

지금까지 먹고살기 위해서 하는 일을 '라이스 워크', 좋아하는 것과 즐거움을 위해 하는 일을 '라이프 워크'라고 했어요. 하지만 그 둘의 경계를 가르는 것은 '자신의 마음속'에 있어요. 싫은데도 마지못해 시키니까 하는 일이 라이스 워크, 적극적인 마음으로 자청해서 하는 일이 라이프 워크라고 할 수 있어요. 결국 어떤 일에서든 즐거움과 보람을 찾는다면 라이프 워크가 되는 거지요.

학교 청소 당번을 예로 들어 볼게요. 귀찮은 마음으로 하면 라이스 워크겠죠? 하지만 깨끗해지면 기분이 좋고, 이렇게도 해 보고, 저렇게도 해 보고 싶은 마음이 생긴다면 라이프 워크가 되는 거고요. 청소를 게임처럼 하면서 친구들과 경쟁하면 빨리 끝날 거라는 아이디어를 내 보는 것도 좋겠죠? 시키니까 한다고 생각하지 말고 자기만의 보람을 찾으면서 여러분의 즐기는 힘을 키워 보세요.

마음을 울리는 위인의 명언

"흥미 있어서 하기보다
해 보니 흥미가 생기는 경우가 많은 것 같다."

데라다 도라히코(1878년~1935년)는 일본의 물리학자이자, 시인이며 수필가예요. 일본의 대표적인 근대 소설가인 나쓰메 소세키의 제자로 유명하지요. 위의 명언은, 처음에는 그다지 흥미가 없었던 일도 하면 할수록 즐거움을 알게 된다는 것을 표현한 거예요.

비전 있는 사람이 될 거예요

비전이 있으면 망설임이 없어요!

비전 = 꿈·목표

비전이 있으면 강해질 수 있어! 우가우가.

비전!

비전이란 말에는 '미래상'이라는 의미가 담겨 있지만, 꿈이나 목표, 이상이라는 뜻도 있어요. 좋아하는 것을 발견했다면 비전을 갖고 나아가기 바랍니다.

비전이 없으면 빠르게 변해 가는 사회와 천재지변 같은 사건, 사고 앞에 불안해하면서 남의 의견이나 확실하지 않은 정보에 쉽게 휩쓸리게 돼요. 이런 상태로는 '좋아하는 세계'에서 살아갈 수 없어요. 좋아하는 것을 일로 삼아 사는 게 쉽지 않다는 것은 여러분도 이제 알 거예요.

미래의 일은 아무도 알 수 없어요. 누구도 모르니 불안할 수밖에요. 그럴 때 비전은 살아가는 데 흔들림 없는 '길잡이'가 돼 준답니다. 비전에 따라 인생은 크게 달라져요. 중심이 꼿꼿한 멋진 어른이 되기 위해서는 자신이 그리는 비전에 따라 여러분의 길을 걸어가야 해요.

마음을 울리는 위인의 명언

"우리는 자신의 비전에 도박을 한다.
그러는 편이 획일적인 제품을 만드는 것보다 낫다."

애플사의 공동 설립자 중 한 사람인 스티브 잡스(1955년~2011년)의 명언이에요. 개인용 컴퓨터 '매킨토시'의 개발에 성공하여 명성을 얻었어요. 이후 '아이폰' 등 독자적인 비전으로 제품을 만들고 품질과 디자인, 소리까지 섬세한 장인 정신을 고집했던 인물이에요.

여러 개의 일을 동시에 한다

자신만의
라이프 워크를 만들어 봐요

여러분이 어른이 되어 살아갈 시대에는 지금보다 훨씬 더 일을 자유롭게 만들 수 있을 거예요.

요즘은 한 회사에서 수십 년 동안 일하는 시대가 아니에요. 때로 직업을 동시에 여러 개 갖기도 해요. 하나의 일을 주업으로 하면서 부업을 하거나, 동시에 여러 개의 일을 하는 것도 가능한 시대예요. 일을 어떻게 조합할 것인가는 자유이니 자기만의 방식을 만들어 봐요.

그밖에도 어떤 일은 라이스 워크로, 또 다른 일은 라이프 워크로 할 수도 있어요. 라이스 워크와 라이프 워크를 동시에 갖는 것도 가능하답니다. 가족과 보내는 시간이나 취미 시간 등도 고려하여 일을 선택할 수도 있지요. 어떻게 일하고, 어떻게 살아갈지는 나의 자유니까요. 자신이 좋아하는 일을 하면서 사는 사람은 한 가지 일이 끝나면 다시 새로운 라이프 워크를 찾기도 해요. 라이프 워크를 충실하게 해낸 사람은 계속 성장할 수 있답니다.

마음을 울리는 위인의 명언

> "한 가지 일에 대해서 전부를 아는 것보다
> 모든 일에 대해서 조금 아는 게 훨씬 낫다."

"인간은 생각하는 갈대다."라는 말로 유명한 블레즈 파스칼(1623년~1662년)의 명언으로, 그의 저서 《팡세》에 나오는 한 구절이에요. 파스칼은 '파스칼의 정리', '파스칼의 삼각형', '파스칼의 원리' 등을 발견해 냈어요.

이상적인 일

자신이 **좋아하는 것**을 하면서 주위 사람을 **행복**하게 해요

여러분이 '좋아하는 것을 하는 힘'으로 주위 사람을 계속 행복하게 해 주세요!

자신이 좋아하는 것이 일이 되고, 그 일로 다른 사람을 행복하게 만드는 것이 바로 여러분이 지향해야 할 최고의 '라이프 워크'라고 할 수 있어요.

사람은 고맙다는 말을 듣거나, '재미있다', '맛있다', '멋지다'며 웃어 주는 사람을 만나면 일이 즐거워져서 점점 더 열심히 할 수 있게 되거든요. 그렇게 열심히 일하다 보면 사람을 더욱 행복하게 해 줄 수 있어요. 훌륭한 상승 효과인 거지요.

멋진 라이프 워크를 하는 사람은 주위 사람들에게 늘 감사한답니다. 혼자서 아무리 좋아하는 것을 열심히 해도 누군가의 도움 없이는 성공할 수 없다는 것을 깨닫게 되니까요. 그래서 더더욱 사람을 행복하게 하는 일에 기쁨을 느끼지요. 여러분도 모두 그런 어른이 되길 바랍니다.

마음을 울리는 **위인**의 **명언**

> "사람들에게 힘이 되는 것,
> 이것은 인류 공통의 의무입니다."

폴란드 출신 프랑스의 위대한 물리학자이자 화학자 마리 퀴리(1867년~1934년)의 명언이에요. 그녀는 방사선 연구로 여성 최초의 노벨 화학상을 받은 인물이에요. 또한 노벨상을 두 번 수상한 첫 인물이기도 해요(물리학상과 화학상). 딸 부부까지 가족이 총 다섯 번의 노벨상을 받았어요. 그들이 했던 연구와 사람을 위해 쏟은 열정이 무척 감동적이에요.

좋아하는 것을 강점으로 만들어 세상을 이롭게 해요

　좋아하는 것을 강점으로 만들어 마침내 직업으로 해 나가는 나의 모습을 상상해 보세요. 아마 지금 여러분이 가장 꿈꾸는 모습일 거예요. 그러나 그 앞에는 한층 더 높은 세계가 있어요. 바로 좋아하는 것을 직업으로 삼아 공공의 이익에 도움이 되자는 마음가짐입니다. 다시 말해, 나만을 위해서 일하는 것이 아니라 모두를 위해서 일한다는 마음을 갖는 거지요.

　실제로 이런 삶을 몸소 실천하며 사는 사람이 많았다는 사실을 기억하면 좋겠어요. 발명가 에디슨도 과학자 뉴턴도 작곡가 베토벤도 모두 자신이 좋아하는 것과 잘하는 것을 살려서 공공의 이익을 위해 살아간 사람들이에요.

　그들은 인류의 문명을 진보시켰어요. 여러분은 그런 사람들의 삶을 보면 어떤 생각이 드나요? 나도 언젠가 반드시 해낼 거라는 마음을 품을 수도 있고, 말도 안 된다며 지레 겁을 먹을지도 모르지요. 만약 자포자기하는 마음이 더 크게 들 때는 이렇게 생각해 보면 어떨까요?

내 주위에 있는 사람을 행복하게 하고, 자신이 사는 지역의 과제를 해결하는 것만으로도 인류를 진보시킬 수 있다고요. 비록 에디슨과 뉴턴의 위대함에는 미치지 못하지만 미처 불빛이 닿지 않았던 한 구석을 비추며 자기 나름대로 끝까지 해내는 마음을 먹어 보는 거예요.

그렇게 이뤄 낸 인생이 모였을 때 그 불빛은 큰 힘이 되어 세계를 변화시킬 수도 있답니다. 우리 한 사람 한 사람의 진심이 더 좋은 세상을 만드는 원동력이 될 테니까요.

호쓰키 야스노부

10SAI KARA KANGAERU "SUKI" WO TSUYOMI NI SURU IKIKATA
supervised by Yasunobu Hotsuki
Copyright © Ehon no Mori, 2021
Korean translation copyright © 2021 by Gimm-Young Publishers, Inc.
All rights reserved.
First published in Japan by Ehon no Mori, Tokyo
This Korean edition published by arrangement with Ehon no Mori, Tokyo in care of Tuttle-Mori Agency,
Inc., Tokyo through Duran Kim Agency, Seoul.

이 책의 한국어판 저작권은 듀란킴 에이전시를 통한 えほんの杜와의 독점계약으로 (주)김영사에 있습니다.
저작권법에 의하여 한국 내에서 보호를 받는 저작물이므로 무단전재와 무단복제를 금합니다.

처음 어린이 교양 3
열 살, 좋아하는 것을 강점으로 만드는 15가지 방법

1판 1쇄 인쇄 | 2021. 10. 26.
1판 1쇄 발행 | 2021. 11. 2.

호쓰키 야스노부 글 | 란요 그림 | 고향옥 옮김

발행처 김영사 | 발행인 고세규
편집 김인애 | 디자인 홍윤정 | 마케팅 이철주 | 홍보 박은경 조은우
등록번호 제 406-2003-036호 | 등록일자 1979. 5. 17.
주소 경기도 파주시 문발로 197(우:10881)
전화 마케팅부 031-955-3100 | 편집부 031-955-3113~20 | 팩스 031-955-3111

값은 표지에 있습니다.
ISBN 978-89-349-5616-7 73300

좋은 독자가 좋은 책을 만듭니다. 김영사는 독자 여러분의 의견에 항상 귀 기울이고 있습니다.
전자우편 book@gimmyoung.com | 홈페이지 www.gimmyoungjr.com

어린이제품 안전특별법에 의한 표시사항
제품명 도서 제조년월일 2021년 11월 2일 제조사명 김영사 주소 10881 경기도 파주시 문발로 197
전화번호 031-955-3100 제조국명 대한민국 ⚠주의 책 모서리에 찍히거나 책장에 베이지 않게 조심하세요.